Laboratorio di grammatic

I connettivi

Elisa Sibille

ISBN: 151941014X
ISBN-13: 978-1519410146

CONTENUTO

Nella mia esperienza con studenti di madre lingua inglese i connettivi, "quelle paroline", come le chiamano i miei studenti con toni di orrore, risultano difficili da capire e tradurre perché spesso non vi è una corrispondenza precisa tra il connettivo italiano e quello inglese.

In questo modulo è mia intenzione presentare, nella maniera più chiara e semplice possibile, la corrispondenza tra alcuni dei connettivi italiani più usati, i loro significati e le possibili traduzioni in inglese.

Il modulo fornisce anche esercizi ed attività, da usare in classe o a casa, e può essere usato indipendentemente come un "laboratorio" intensivo per imparare, ripassare e fare pratica. Oppure come parte di un corso di lingua e grammatica italiana ad integrazione del materiale usato.

Per domande e commenti potete contattare l'autrice all'indirizzo **elisa@esitaliano.com** o visitate il sito web **https://esitaliano.com**

Potete trovare il .pdf stampabile delle carte fotocopiabili sul sito alla pagina **https://esitaliano.com/cartefotocopiabiliperigiochi**

Attività iniziale di riflessione

Con un compagno o una compagna discutete i seguenti punti:

1) conoscete dei connettivi in Italiano? quali?

2) quali sono i connettivi corrispondenti nella vostra lingua?

3) si usano allo stesso modo?

4) che cosa volete ottenere da questo laboratorio?

Cosa sono i connettivi e come si usano

I connettivi o connettori o congiunzioni, tre nomi per la stessa cosa, sono parole che uniscono, congiungono, due parole o due frasi.

Mario **e** Giacomo sono fratelli.

Alla mattina devo bere un caffè **altrimenti** non mi sveglio.

I connettivi sono invariabili ossia non cambiano mai, come invece cambiano altre parole a seconda del genere (maschile, femminile) o del numero (singolare, plurale).

I connettivi possono essere semplici quando sono composti da una sola parola: e, ma, anche, ecc; **oppure composti** quando sono formati da più di una parola: eppure formato da e + pure, affinché formato da a + fin + che, ecc.

Si chiamano invece **locuzioni congiuntive** quelle formate da una sequenza di più parole separate che svolgono la stessa funzione di una congiunzione: dopo che, anche se, in modo da, ecc.

Ci sono due categorie di connettivi:

1. **connettivi coordinanti** che mettono in relazione due parole o frasi che sono sullo stesso piano, cioè ugualmente importanti:

   Maria canta **e** balla molto bene. Andrea non è bello **ma** è molto simpatico.

   Quest'anno andiamo in vacanza al mare **oppure** restiamo a casa?

2. **connettivi subordinanti** che uniscono una frase principale e una frase secondaria, cioè una frase che dipende dalla frase principale:

   Mangio **perché** ho fame. Ascolto sempre la musica **mentre** studio.

I connettivi coordinanti e subordinanti si dividono in diverse altre categorie a seconda della funzione che svolgono: copulativi (che uniscono), disgiuntivi (che dividono), causali (che spiegano la causa di qualcosa), ecc.

Non è importante sapere tutte le diverse distinzioni e i loro nomi, ma è importante sapere il significato dei connettivi più usati e quando e come usarli correttamente.

Nelle pagine seguenti trovate una lista di connettivi con traduzione inglese ed esempi. Questa non è una lista completa, ma una lista di alcuni dei connettivi più comuni e usati.

Consiglio di non cercare di imparare tutti i connettivi in una volta, sono troppi. Usate inizialmente la lista come referenza e piano piano aggiungere nuovi connettivi al vostro repertorio scritto e parlato.

Lista dei connettivi più usati

anche	**also, even, too**	Giovanna cucina bene. **Anche** Erica. (also) Cucinano tutti **anche** Mario. (even) Oggi andiamo alla spiaggia, vuoi venire **anche** tu? (too)
e quando la parola che segue comincia per vocale "e" diventa "ed"	**and**	Per colazione vorrei uova **e** pancetta, grazie. Giorgio **ed** io vorremmo un cappuccino.
inoltre	**furthermore, also, moreover**	I computer oggi sono sempre più veloci, **inoltre** i prezzi continuano ad abbassarsi. (moreover / furthermore) Un uomo seguiva la ragazza, **inoltre** la guardava fissamente. (also / moreover)
né	**nor**	Mario è in Inghilterra da mesi, ma non ha telefonato **né** scritto.
neanche / nemmeno / neppure	**not even**	Questa spiaggia è deserta! Non c'è **neanche** una persona! Non ha telefonato e **neppure** scritto.
pure	**also**	Giovanna cucina bene. **Pure** Erica.
altrimenti / se no "se no" can be used instead of altrimenti in a more informal register	**otherwise, or, or else**	Vieni presto, **altrimenti** perderemo il treno. Vieni presto, **se no** perderemo il treno.
o / oppure	**or, or else**	Vuoi mangiare la pasta **oppure** il risotto? Vieni con noi **o** preferisci andare con Giacomo?
"o" può avere anche una funzione esplicativa	**or**	Il telefonino, **o** telefono portatile, è sempre più diffuso.
ossia / ovvero	**that is, namely, in other words**	L'ornitologia, **ossia** lo studio degli uccelli, è una materia molto interessante. Il migliore amico dell'uomo, **ossia** il cane. Il migliore amico dell'uomo, **ovvero** il cane
anzi	**actually, on the contrary, rather**	Quel film non era male, **anzi** mi è piaciuto molto. (actually, on the contrary) Questa non è una critica utile, **anzi** è un insulto. (rather)
eppure	**yet, but, still, and yet**	Mario non è simpatico, **eppure** tutti lo invitano alle feste. Sei venuta alla festa, **eppure** ti avevo avvertita che veniva anche il tuo ex!
invece	**instead**	Maria è alta, Giovanna **invece** è bassa.
ma / però	**but**	Questi guanti sono sottili **ma** molto caldi. Questo libro è interessante **però** troppo lungo.
nonostante seguita dal congiuntivo	**despite**	**Nonostante** piova esco per una passeggiata.

al contrario	**on the contrary, if anything, quite the opposite**	Tutti pensano che Luisa sia una persona fredda, **al contrario** io credo che sia molto sensibile. (on the contrary) Tutti pensano che Luisa sia una persona fredda, **al contrario**! È molto sensibile. (quite the opposite) Tutti pensano che Luisa sia una persona fredda, **al contrario** è molto sensibile. (if anything)
tuttavia	**however, nevertheless**	A Giovanni non piaceva la casa nuova, **tuttavia** era più adatta alla sua famiglia. (however, nevertheless) Mario non è simpatico, **tuttavia** lo invito alla festa. (however, nevertheless)
cioè	**namely, that is**	Il migliore amico dell'uomo, **cioè** il cane.
infatti	**in fact, effectively, sure enough**	Piero passa sempre gli esami, **infatti** studia molto.
vale a dire	**that is to say**	È un corso 'self-study', **vale a dire** si può studiare da soli a casa.
in altre parole	**in other words**	Maria è fortunata, **in altre parole** vince sempre.
perciò / quindi / dunque	**so, therefore**	Maria ha sete, **perciò** beve un bicchiere d'acqua. Maria ha sete, **quindi** beve un bicchiere … Maria ha sete **dunque** beve un bicchiere …
né … né	**neither … nor**	Non mangio né pane né pasta.
non solo … ma anche	**not only … but also**	Mi occupo **non solo** della casa, **ma anche** del negozio.
sia … che	**both … end**	**Sia** Giovanni **che** Paolo hanno i capelli biondi. (tutti e due hanno i capelli biondi)
sia … sia	**both … or**	Mi va bene **sia** un romanzo **sia** un libro giallo. (uno o l'altro)
dal momento che / dato che / poiché / visto che	**since**	**Dal momento che** piove non vado a camminare. **Dato che** vieni a cena tu, preparerò una ricetta speciale. **Poiché** piove, prendo l'ombrello. **Visto che** non vieni tu, verrò io.
perché	**because**	Guardo la TV **perché** non ho voglia di lavorare.
siccome	**since, because**	**Siccome** piove, prendo l'ombrello.
affinché / perché seguiti dal congiuntivo al fine di seguito dall'infinito	**so that**	Te lo dico **affinché** tu tu lo sappia. Te lo dico **perché** tu lo sappia. Te lo dico **al fine di** fartelo sapere.
quando	**when**	**Quando** piove non cammino mai.

mentre introduce: 1) un'azione che avviene allo stesso tempo si un'altra; 2) un'azione che è in contrasto con un'altra.	**while**	**Mentre** ascolto questa musica, penso all'estate. A me piace guardare la TV **mentre** mia sorella preferisce leggere.
finché	**as long as, until**	**Finché** c'è il sole vado a camminare.
prima che seguito dal congiuntivo	**before**	Dobbiamo uscire **prima che** piova.
dopo che	**after**	**Dopo che** avrò finito questo libro ne comprerò un altro.
(non) appena "non appena" è usato come sinonimo di appena e non ha un valore negativo.	**as soon as**	Bambini, **(non) appena** finite i compiti potete andare a giocare.
fino a quando	**until when**	**Fino a quando** pensi di poter studiare cosi poco?
che può essere seguito dal congiuntivo		Penso **che** Paola sia andata a scuola. Penso **che** pioverà domani.
se	**if**	**Se** finisco presto i compiti, vengo a trovarti.
purché / a patto che seguito dal congiuntivo	**as long as, provided that**	Ti lascio venire con me, **purché** non parli troppo. Ti lascio venire con me, **a patto che** non parli troppo.
sebbene / benché / nonostante (che) seguiti dal congiuntivo nonostante (che) può, più raramente essere seguito da un infinito	**although, even though**	**Sebbene** avesse sonno, non è andato a dormire. **Benché** abbia sonno, non va a dormire. **Nonostante** avesse sonno, non è andato a dormire. **Nonostante** l'aver studiato molto, ha fallito gli esami.
anche se	**even if**	**Anche se** lavori tutto il giorno, non finirai in tempo.
eccetto (che) / fuorché / tranne (che) seguito dal congiuntivo	**except**	Tutti sono andati in vacanza **eccetto** Mario. Vado d'accordo con tutti, **eccetto che** con Filippo. Tutti sono andati in vacanza **fuorché** Mario. Tutti sono andati in vacanza **tranne** Mario. Non possono trasferirti, **tranne che** sia tu a chiederlo.
per quanto	**so far as**	**Per quanto** ne so, il volo è stato cancellato. **Per quanto** possibile farò quello che mi chiedi. **Per quanto** mi riguarda non intendo fare quello che chiedi.

Esercizi

1. Unisci le frasi delle due colonne:

1	**Questo vestito è più caro però**	1 - h	**a**	noioso.
2	Mi piace la pizza, anzi		**b**	perdi l'autobus come al solito.
3	Per favore aiutami, altrimenti		**c**	passa sempre gli esami.
4	Mario non ha una fidanzata e neanche		**d**	che con il sole.
5	I tuoi nuovi amici non sono né		**e**	apro tutte le finestre.
6	Voglio comprare delle scarpe nuove, perciò		**f**	quella di Giovanna è grande.
7	Preferisci il gelato al cioccolato oppure		**g**	io la detesto.
8	Giorgio è molto simpatico, ma		**h**	**è più elegante.**
9	Mi piace la pizza, tuttavia		**i**	mio padre.
10	Vado sempre a fare jogging, sia con la pioggia		**l**	suo fratello.
11	Casa mia è piccola, invece		**m**	non finirò mai questi compiti.
12	Mia sorella studia molto, quindi		**n**	cerco un negozio di scarpe.
13	Giuseppe ama la storia, al contrario		**o**	quello al pistacchio?
14	Ho troppo caldo, dunque		**p**	simpatici né interessanti.
15	Alzati presto la mattina, se no		**q**	la adoro!
16	A casa mia sappiamo tutti cucinare bene, anche		**r**	la mangio raramente.

2. Completa le frasi con i connettivi dati:

però - anche - ma - benché - invece - mentre - perché - o - anche - oppure - neanche - sia ... che - eccetto - perciò - né ... né - tuttavia - anche - quindi - che - altrimenti - mentre - quindi - ovvero

Mi puoi aiutare con questi compiti? .... non li finirò mai!

La mia macchina è molto piccola .... quella di Mario è molto grande.

Vado a passeggiare .... con il buono .... con il cattivo tempo.

Voglio comprate una cucina nuova...devo guadagnare dei soldi!

Questo parrucchiere è molto bravo .... è carissimo.

Mio marito lavora troppo .... non è mai a casa.

I tuoi colleghi non sono .... simpatici...gentili!

Giacomo è simpatico.. è troppo perfezionista.

Preferisce vino bianco .... vino rosso, signora?

Marina non ha fratelli e .... io.

Fa caldo .... apro tutte le finestre.

A giacomo piace la pizza .... a me piace di più il calzone.

Mi interessa molto l'ornitologia, ... lo studio degli uccelli.

Giovanna disegna molto bene. .... Martina.

Studiano tutti medicina, ... Paolo.

Oggi andiamo a sciare a Cervinia, vieni .... tu?

Vado in vacanza, che piaccia al direttore .... no!

Tutti i bambini hanno passato gli esami .... Massimo.

.... sia arrivato primo nella maratona, il premio è stato aggiudicato ad un altro atleta.

Sono sicuro .... tutto andrà bene.

Mi piace ascoltare della musica .... lavo i piatti.

Stefano ha studiato molto poco, ... ha passato gli esami con un buon voto.

Vado a dormire .... sono molto stanca.

3. Scegli il connettivo giusto come nell'esempio:

Esempio: Mario non sa ~~anche~~ **/ neanche** cucinare un uovo!

Giovanni **o / e** il suo amico vanno allo stadio a vedere la partita.

Per favore, portami alla stazione in macchina **altrimenti / perciò** perdo il treno.

Ho la febbre alta **quindi / altrimenti** resto a casa oggi.

Per secondo preferisci la carne **quindi / oppure** il pesce?

Saremo molti in classe oggi, vengono **nemmeno / anche** Andrea e Marta.

Lo studio è piccolo **invece / ma** molto luminoso.

Oggi sono molto stanca, **quindi / oppure** non vado a scuola.

Andiamo in macchina **e / o** in autobus?

Il mio televisore è guasto **altrimenti / anche** potrei guardare la partita a casa. **Invece / oppure** devo andare al bar.

Vado in latteria a comprare un litro di latte **oppure / e** due mozzarelle per cena.

Giovanni parla **anche / neanche** il giapponese.

Mangia tutta la pasta, **ovvero / altrimenti** niente gelato!

Lo stadio oggi è deserto, non c'è **neanche / pure** una partita.

La pizza mi piace molto, **anzi / eppure** la adoro!

Giovanni è molto allegro, Paolo **però / invece** è sempre di cattivo umore.

Questa giacca non è pesante **ma / nonostante** è molto calda.

Saremo pochi in classe oggi, non vengono **nemmeno / anche** Andrea e Marta.

Mi piace camminare nel bosco **affinché / quando** nevica.

Dobbiamo finire di lavare i piatti **prima che / anche se** Giorgio rientri a casa.

Mi devi ridare i soldi che ti ho prestato il mese scorso **cioè / perché** ne ho bisogno.

Venite subito a casa, **se no / ma** lo dico al papà !

Nonostante / nemmeno nevichi siamo andati a fare una passeggiata in pineta.

4. Completa la lettera con i connettivi dati:

perciò - o - invece - quando - ma - se - quindi - e - che - e - ma - e - invece - e - sebbene - e - però - anche - quindi - e - dal momento che - e - quindi - non solo ... ma anche - perché - e - invece - perché - e

Carissima Annamaria,

mi fa molto piace avere tua notizie visto che è molto che non ci vediamo.

Questa settimana ho incontrato Mario .... mi ha detto che andrai in vacanza in Sardegna la settimana prossima. Che bello!

Io .... continuo a lavorare. Ultimamente abbiamo avuti molti ordini, ... non abbiamo tempo per riposarci molto. Mi dispiace di non avere delle vacanze quest'anno, ... sono molto contenta che ci sia cosi tanto lavoro.

Sai .... cambiato casa il mese scorso? Devi assolutamente venire a trovarmi. È in una zona bellissima, piena di verde .... di tranquillità. È un po' distante dal centro e dal lavoro, ... per i bambini è perfetto. La scuola si raggiunge facilmente a piedi .... tutti i loro amici abitano vicino. Mi sono messa d'accordo con le altre mamme e .... possiamo fare a turno ad andare a prendere i bimbi. .... devo fare straordinario a volte è difficile arrivare in tempo. .... cosi ho risolto il problema.

Volevo chiederti, hai sentito notizie da Maria? Pensavo di vederla il mese scorso, ... per via del trasloco ho dovuto cancellare, ... poi con tutto il da fare, i bambini .... il lavoro, non ho più avuto tempo di telefonarle. Adesso mi sono accorta di avere perso la mia agenda con tutti i numeri .... non la posso chiamare. Per caso hai il suo numero? me lo potresti dare?

.... tutti mi dicano che sono una persona bene organizzata, in questo trasloco sono riuscita a perdere .... l'agenda....................dei documenti importanti.

Senti, ... non vieni la prossima settimana .... hai tempo? Sabato .... domenica sarebbe perfetto. Potremmo pranzare insieme .... scambiarci le ultime notizie.

Il mio nuovo indirizzo è via Mazzini 49. .... il nuovo numero di telefono è 010 49 56 42.

Massimo sarà qui, ... i bambini vanno a passare la domenica dai nonni. .... noi adulti potremo chiacchierare tranquillamente.

Non vedo l'ora di rivedere te .... Massimiliano.

.... il tempo dovrebbe essere bello, ... non andiamo .... a fare una passeggiata nel parco, dopo pranzo? Vedrai come è bello e capirai subito perché mi piace cosi tanto abitare qui.

Ciao .... a domenica.

Bacioni Marina xx

Pratica i connettivi con le attività e i giochi

Attività 1.

Usate le carte fotocopiabili che trovate alle pagine 18-21.

Ci sono due tipi di carte: 1) frasi (carte blu) e 2) connettivi (carte rosse)

Gruppi di 2 o più studenti. Ogni gruppo riceve i due mazzi di carte, blu e rosse.

Lo scopo è di ricostruire delle frasi unendo due o più carte blu tramite le carte rosse.

Una variante potrebbe essere di aggiungere frasi riutilizzando le carte e scrivendo tutte le variazioni possibili su un foglio di carta.

Vince il gruppo che finisce con il maggior numero di frasi giuste.

Attività 2.

Capire il significato di proverbi e modi di dire italiani e notare l'uso dei connettivi. Usate le carte fotocopiabili che trovate a pagina 22.

Gruppi di 2 o più studenti. Ogni gruppo riceve una lista di proverbi e modi di dire.

L'insegnante introduce un proverbio o modo di dire italiano e un'equivalente inglese e invita gli studenti a presentare altri esempi, poi spiega che, nel loro gruppo, gli studenti dovranno discutere il significato di ogni proverbio notando come i connettivi vengono usati.

Una variante potrebbe essere di dare 2-3 proverbi diversi a gruppi diversi che dovremmo poi spiegare i rispettivi proverbi agli altri.

L'insegnante può intervenire per risolvere i dubbi che sicuramente ci saranno.

Attività 3

Questa attività è adatta per studenti più avanzati che hanno studiato il congiuntivo. Usate la tabella e le carte dei verbi che trovate alle pagine 23 e 24.

Gruppi di 2 o più studenti. Ogni gruppo riceve una tabella, un mazzo di carte dei verbi, un dado e una pedina per ogni giocatore.

Lo scopo è di riconoscere i connettivi che richiedono il congiuntivo e quelli che non lo richiedono e di formare delle frasi.

Tutti i giocatori partono dalla casella "PARTENZA!". I giocatori, a turno, lanciano il dado e muovono la propria pedina sulla casella corrispondente al numero ottenuto.
Il giocatore che ha tirato il dado deve prendere una carta e costruire una frase utilizzando il verbo che si trova sulla carta e il connettivo riportato sulla casella del tabellone.
Se la frase è corretta, il giocatore "vince" un punto. Se la frase è sbagliata, il giocatore lascia la carta sul tavolo e lo studente successivo può provare a costruire una nuova frase.
Se nessun giocatore riesce a costruisce una frase corretta, la carta viene eliminata dal gioco.
Vince il giocatore che ha accumulato più punti nel tempo dato.

Per rendere il gioco più interessante e competitivo si possono far giocare i gruppi l'uno contro l'altro.
Vince il gruppo che ottiene più punti.

Attività finale di riflessione

Con un compagno o una compagna discutete i seguenti punti:

1) ho capito che cosa sono i connettivi e come si usano?

2) che cosa posso fare dopo la sessione per continuare a imparare a usare i connettivi?

Chiavi degli esercizi

1. Unisci le frasi delle due colonne. Pagina 8.

1	**Questo vestito è più caro però**	**1-h**	**a**	noioso.
2	Mi piace la pizza, anzi	**2-q**	**b**	perdi l'autobus come al solito.
3	Per favore aiutami, altrimenti	**3-m**	**c**	passa sempre gli esami.
4	Mario non ha una fidanzata e neanche	**4-l**	**d**	che con il sole.
5	I tuoi nuovi amici non sono né	**5-p**	**e**	apro tutte le finestre.
6	Voglio comprare delle scarpe nuove, perciò	**6-n**	**f**	quella di Giovanna è grande.
7	Preferisci il gelato al cioccolato oppure	**7-o**	**g**	io la detesto.
8	Giorgio è molto simpatico, ma	**8-a**	**h**	**è più elegante.**
9	Mi piace la pizza, tuttavia	**9-r**	**i**	mio padre.
10	Vado sempre a fare jogging, sia con la pioggia	**10-d**	**l**	suo fratello.
11	Casa mia è piccola, invece	**11-f**	**m**	non finirò mai questi compiti.
12	Mia sorella studia molto, quindi	**12-c**	**n**	cerco un negozio di scarpe.
13	Giuseppe ama la storia, al contrario	**13-g**	**o**	quello al pistacchio?
14	Ho troppo caldo, dunque	**14-e**	**p**	simpatici né interessanti.
15	Alzati presto la mattina, se no	**15-b**	**q**	la adoro!
16	A casa mia sappiamo tutti cucinare bene, anche	**16-i**	**r**	la mangio raramente.

2. Completa le frasi con i connettivi dati. Pagina 9.

però - anche - ma - benché - invece - mentre - perché - o - anche - oppure - neanche - sia … che - eccetto - perciò - né … né - tuttavia - anche - quindi - che - altrimenti - mentre - quindi - ovvero

Mi puoi aiutare con questi compiti? ………………**altrimenti**……………………………… non li finirò mai!

La mia macchina è molto piccola …………………**invece**……………….. quella di Mario è molto grande.

Vado a passeggiare …………**sia**…………. con il buono …………**che**……………… con il cattivo tempo.

Voglio comprate una cucina nuova………………**quindi / perciò**……………devo guadagnare dei soldi!

Questo parrucchiere è molto bravo ………………**però**…………………………………………… è carissimo.

Mio marito lavora troppo …………………………**quindi / perciò**……………………….. non è mai a casa.

I tuoi colleghi non sono …………… **né**…………… simpatici………… **né**……………………………gentili!

Giacomo è simpatico……………………………… **ma**…………………………….. è troppo perfezionista.

Preferisce vino bianco …………………………**o / oppure**…………………………… vino rosso, signora?

Marina non ha fratelli e …………………………**neanche**…………………………………………………… io.

Fa caldo ………………………………………… **quindi / perciò**…………………… apro tutte le finestre.

A giacomo piace la pizza ……………………… **mentre**……………………… a me piace di più il calzone.

Mi interessa molto l'ornitologia, …………………… **ovvero**……………………… lo studio degli uccelli.

Giovanna disegna molto bene. …………………**Anche**……………………………………………… Martina.

Studiano tutti medicina, …………………………**anche**………………………………………………… Paolo.

Oggi andiamo a sciare a Cervinia, vieni ………**anche**……………………………………………………… tu?

Vado in vacanza, che piaccia al direttore ……………………**o / oppure**……………………………… no!

Tutti i bambini hanno passato gli esami ………… **eccetto**……………………………………….. Massimo.

Benché……………… sia arrivato primo nella maratona, il premio è stato aggiudicato ad un altro atleta.

Sono sicuro ……………………………………… **che**……………………………………… tutto andrà bene.

Mi piace ascoltare della musica ………………… **mentre**……………………………………… lavo i piatti.

Stefano ha studiato molto poco, ………… **tuttavia**……………… ha passato gli esami con un buon voto.

Vado a dormire ……………………………… **perché**………………………………….. sono molto stanca.

3. Scegli il connettivo giusto come nell'esempio. Pagina 10.

Esempio: Mario non sa ~~anche~~ **/ neanche** cucinare un uovo!

Giovanni ~~o~~ **/ e** il suo amico vanno allo stadio a vedere la partita.

Per favore, portami alla stazione in macchina **altrimenti /** ~~perciò~~ perdo il treno.

Ho la febbre alta **quindi /** ~~altrimenti~~ resto a casa oggi.

Per secondo preferisci la carne ~~quindi~~ **/ oppure** il pesce?

Saremo molti in classe oggi, vengono ~~nemmeno~~ **/ anche** Andrea e Marta.

Lo studio è piccolo ~~invece~~ **/ ma** molto luminoso.

Oggi sono molto stanca, **quindi /** ~~oppure~~ non vado a scuola.

Andiamo in macchina e **/ o** in autobus?

Il mio televisore è guasto **altrimenti /** ~~anche~~ potrei guardare la partita a casa. **Invece /** ~~oppure~~ devo andare al bar.

Vado in latteria a comprare un litro di latte ~~oppure~~ **/ e** due mozzarelle per cena.

Giovanni parla **anche /** ~~neanche~~ il giapponese.

Mangia tutta la pasta, ~~ovvero~~ **/ altrimenti** niente gelato!

Lo stadio oggi è deserto, non c'è **neanche /** ~~pure~~ una partita.

La pizza mi piace molto, **anzi /** ~~eppure~~ la adoro!

Giovanni è molto allegro, Paolo ~~però~~ **/ invece** è sempre di cattivo umore.

Questa giacca non è pesante **ma /** ~~nonostante~~ è molto calda.

Saremo pochi in classe oggi, non vengono **nemmeno /** ~~anche~~ Andrea e Marta.

Mi piace camminare nel bosco ~~affinché~~ **/ quando** nevica.

Dobbiamo finire di lavare i piatti **prima che /** ~~anche se~~ Giorgio rientri a casa.

Mi devi ridare i soldi che ti ho prestato il mese scorso ~~cioè~~ **/ perché** ne ho bisogno.

Venite subito a casa, **se no /** ~~ma~~ lo dico al papà !

Nonostante / ~~nemmeno~~ nevichi siamo andati a fare una passeggiata in pineta.

4. Completa la lettera con i connettivi dati. Pagina 11.

perciò - o - invece - ma - se - quindi - e - che - e - e - invece - e - sebbene - e - però - anche - e -quindi - e - dal momento che - e - quindi - non solo ... ma anche - perché - e - invece - perché - quindi

Carissima Annamaria,

mi fa molto piace avere tua notizie visto che è molto che non ci vediamo.

Questa settimana ho incontrato Mario ......**e**........ mi ha detto che andrai in vacanza in Sardegna la settimana prossima. Che bello!

Io ...**invece**..... continuo a lavorare. Ultimamente abbiamo avuti molti ordini, ...**quindi**.... non abbiamo tempo per riposarci molto. Mi dispiace di avere delle vacanze quest'anno, ... **però**........ sono molto contenta che ci sia cosi tanto lavoro.

Sai ...... **che**....... cambiato casa il mese scorso? Devi assolutamente venire a trovarmi. È in una zona bellissima, piena di verde ......**e**...... di tranquillità. È un po' distante dal centro e dal lavoro, ... **ma**.... per i bambini è perfetto. La scuola si raggiunge facilmente a piedi ......**e**....... tutti i loro amici abitano vicino. Mi sono messa d'accordo con le altre mamme e ... **quindi**...... possiamo fare a turno ad andare a prendere i bimbi. .. **Quando** .. devo fare straordinario a volte è difficile arrivare in tempo. **Quindi**..... cosi ho risolto il problema.

Volevo chiederti, hai sentito notizie da Maria? Pensavo di vederla il mese scorso, ... **invece**..... per via del trasloco ho dovuto cancellare, ...**e**.......... poi con tutto il da fare, i bambini ...**e**..... il lavoro, non ho più avuto tempo di telefonarle. Adesso mi sono accorta di avere perso la mia agenda con tutti i numeri ... **perciò**......... non la posso chiamare. Per caso hai il suo numero? me lo potresti dare?

... **Sebbene**............. tutti mi dicano che sono una persona bene organizzata, in questo trasloco sono riuscita a perdere ... **non solo**................ l'agenda...... **ma anche**...........dei documenti importanti.

Senti, ... **perché**.... non vieni la prossima settimana ...... **se**...... hai tempo? Sabato ... **o**... domenica sarebbe perfetto. Potremmo pranzare insieme ......**e**.......... scambiarci le ultime notizie.

Il mio nuovo indirizzo è via Mazzini 49. ....**e**......... il nuovo numero di telefono è 010 49 56 42.

Massimo sarà qui, ... **invece**............. i bambini vanno a passare la domenica dai nonni.

Quindi............ noi adulti potremo chiacchierare tranquillamente.

Non vedo l'ora di rivedere te ......**e**.......... Massimiliano.

Dal momento che....... il tempo dovrebbe essere bello, ... **perché**....... non andiamo ... **anche**... a fare una passeggiata nel parco, dopo pranzo? Vedrai come è bello e capirai subito perché mi piace cosi tanto abitare qui.

Ciao ......**e**....... a domenica.

Bacioni Marina xx

Carte fotocopiabili attività 1

ho letto l'ultimo libro di Eco	Mario lo ha letto
siamo andati in vacanza in Brasile	in Cile
Gianni mi sta simpatico	è un buon cuoco
non mi piace la pasta alla carbonara	la so cucinare
non mi piace questo lavoro e	il nuovo capo.
Giovanna è una buonissima cuoca,	Marina
spegni subito la televisione	mi arrabbio!
preferisci mangiare la pasta	la pizza?
il cane è il migliore amico dell'uomo	è molto fedele all'uomo

il cane è molto fedele all'uomo	fedelissimo!
hai di nuovo fallito gli esami	ti avevo detto di studiare di più!
a me piace molto la pizza	a Mario piace di più la pasta
questo cappotto sembra leggero	è caldissimo
questo cappotto è caldissimo	sia leggero
Paolo studia molto	Gianni studia pochissimo.
Cecilia è molto bella	non è molto simpatica
mi piacciono molto i film	vado spesso al cinema
vado spesso alle partite	mi piace molto il calcio

prendo l'ombrello	piove
guardo sempre la TV	mangio
finisci i compiti	torni a casa la mamma!
potrai giocare	avrai finito tutti i compiti!
hai studiato molto	passerai gli esami a pieni voti
Guido mangia sempre cibi grassi	sa che gli fanno male
bambini vi do la merenda	venite a casa
bambini non siete venuti	non vi do la merenda!
hai preso la patente	tu non sia mai andato a scuola di guida!

anche	e	inoltre
né	neanche	pure
altrimenti	o	ossia
anzi	eppure	invece
ma	nonostante	al contrario
tuttavia	infatti	perché
siccome	sebbene	prima che
dopo che	mentre	anche se
se	quindi	nonostante (che)

Carte fotocopiabili attività 2

Avere fatto trenta **e** fare 31	Chiudere la stalla **dopo che** sono scappati i buoi
Il diavolo fa le pentole **ma** non i coperchi.	Dio, **se** chiude una porta, apre un portone.
Dire pane al pane **e** vino al vino	Essere come cani **e** gatti
Essere una questione di vita **o** di morte	Fare fuoco **e** fiamme
Lanciare il sasso **e** nascondere la mano	Non avere **né** arte **né** parte
Non fare **né** caldo **né** freddo	**O** bere **o** affogare
O mangi questa minestra **o** salti dalla finestra	Sentire **anche** l'altra campana
Avere la botte piena **e** la moglie ubriaca	Ma **neanche** per sogno!
Conta più la pratica **che** la grammatica.	Batti il ferro **finché** è caldo.
Meglio soli **che** male accompagnati.	**Finché** c'è vita c' è speranza

Carte fotocopiabili attività 3

anche	pure	tranne (che)	altrimenti
al contrario			sia … sia
neppure			che
benché			infatti
inoltre			purchè
affinché			vale a dire
nonostante (che)			nonostante
né			sebbene
neanche	a patto che	o	**PARTENZA!**

spegnere	**cantare**	**venire**	**dovere**
spingere	**stare**	**tornare**	**uscire**
volere	**essere**	**potere**	**sedersi**
lavarsi	**rompere**	**avere**	**andare**
correre	**capire**	**costruire**	**aiutare**
attraversare	**suonare**	**perdere**	**mettere**
arrivare	**aspettare**	**litigare**	**mangiare**
ballare	**sentire**	**aprire**	**divertirsi**

Made in the USA
Columbia, SC
28 December 2024

50738699R00015